DIANA

D1935818

Das Buch

Kann es das Singen bringen?

Seit mehr als vierzig Jahren treibt diese Frage den Dichter Robert Gernhardt um, wobei er es nach Art der »Spötter« genannten Singvogelspezies nie verschmäht hat, bei Bedarf auch mit geliehenem Schnabel und fremder Zunge zu schmettern.

In den drei Zyklen dieses Buches nun singt der Spötter in den Tonfällen von drei Jubilaren, die zu den jubilierendsten und bejubeltsten Stimmen im deutschen Literaturrevier zählen: Heinrich Heine (200. Geburtstag 1997), Bert Brecht (100. Geburtstag 1998) und Johann Wolfgang Goethe (250. Geburtstag 1999).

Das Ergebnis von Gernhardts *sing along with* Heine, Brecht und Goethe: drei bei allem spürbaren Respekt spöttische Hommagen fernab jeder platten Parodie, unerwartet lustig und Lust auf die Lektüre der Originale bereitend.

Wird es das Dichten richten?

Wenn wahre Dichter am Werk sind, Wahl- und Spaßverwandte wie Heine, Brecht, Goethe und Gernhardt, dürfte sich die Frage erübrigen. Die Antwort kann nur folgende sein: Dreimal JA!

Der Autor

Robert Gernhardt, 1937 in Reval/Estland geboren, studierte Malerei und Germanistik in Stuttgart und Berlin. Der vielseitige Künstler, Mitbegründer der »Neuen Frankfurter Schule«, hat sich nicht nur als Schriftsteller, sondern vor allem auch als Satiriker und Cartoonist in Zeitschriften wie »Pardon« und »Titanic« einen Namen gemacht. Einem breiteren Publikum wurde er als Drehbuchautor der Otto-Filme bekannt.

Robert Gernhardt lebt in Frankfurt am Main.

Von ihm ist im Diana Verlag außerdem lieferbar: *Ich Ich Ich* (62/68), *Lug und Trug* (62/84); *Was deine Katze wirklich denkt* (62/139).

Robert Gernhardt

Klappaltar

Drei Hommagen

DIANA VERLAG
München Zürich

Diana Taschenbuch Nr. 62/0123

Taschenbucherstausgabe 10/2000
Copyright © 1998 by Haffmans Verlag AG Zürich
Der Diana Verlag ist ein Unternehmen der
Heyne Verlagsgruppe München
Printed in Germany 2000

Umschlagillustration: Robert Gernhardt
Umschlaggestaltung: Hauptmann und Kampa
Werbeagentur, CH-Zug
Satz: Schaber Satz- und Datentechnik, Wels
Druck und Bindung: Elsnerdruck, Berlin
Gedruckt auf chlor- und säurefreiem Papier

ISBN: 3-453-17209-4

http://www.heyne.de

Inhalt

I LINKER FLÜGEL

LIED DER BÜCHER
ODER
JUNI MIT HEINE

I
Prolog im Himmel

Als im achtzehnten Jahrhundert
Gottes Blick zur Erde schweifte,
Sah er auch den deutschen Michel,
Und ihn schmerzte dessen Blödheit.

Also sandte er ihm Geister,
Michels Ungeist zu erleuchten:
Schickte Lichtenberg und Wieland,
Schickte Kant ihm, schickte Lessing.

Darauf schickte er ihm Geister,
Michels Seele zu veredeln:
Schickte Goethen ihm und Schiller,
Schickte Kleist und Hölderlin.

Alsdann schickte er ihm Geister,
Michels starres Herz zu rühren,
Schickte Tieck sowie die Schlegels,
Den Brentano und Novalis.

Als am Ende des Jahrhunderts
Gott sein Wirken überblickte,
Sah er, daß zum Bildungswerke
Michel noch ein Meister fehle:

Einer, der erleuchten konnte.
Einer, der zu bilden wußte.
Einer, der die Herzen rührte
Kurz, ein Meister aller Klassen.

Gott ging dran, den Lehm zu kneten,
Da begab es sich, daß jemand
Scheinbar zufällig vorbeikam
Und ihn listig frug: Was wird das?

Jemand mit zu grünem Hütchen,
Dessen allzulange Feder
Jedermann signalisierte:
Mit dem Kerl ist nicht zu spaßen.

»Das? Das wird der letzte Meister,
Den ich, um mein Werk zu krönen,
Meinem deutschen Michel schicke,
Zu veredeln sein Gemüte.

Dieses hohe Ziel im Auge,
Back ich in den Lehm, was immer
Bildend ist, bedeutend, rührend,
Herzbewegend und erleuchtend.«

»Also die bewährte Mischung«,
Sprach der Grüne scheinbar arglos,
»Sie wird unsern Michel sicher
Auf den Pfad der Tugend leiten.

Aber«, sann er scheinbar für sich,
»Was taugt solcher Pfad, wenn ihm nicht
Beigesellt ist der des Zweifels,
Der der Lust und der Verführung?

Schick dem Michel keinen Lehrer,
Davon sandtest du schon viele.
Schick ihm lieber einen Prüfer,
Ihm mal auf den Zahn zu fühlen.

So, wie wir den Hiob prüften,
So, wie wir den Faust versuchten,
So laß uns den Michel triezen:
Zeig mal, was du so gelernt hast!

Schick dem deutschen Michel jemand,
Der ihm vormacht, wie ein Jude
Dazu fähig ist, ihn singend
Mühelos zu überdeutschen.

Schick dem braven Michel jemand,
Der ihm die Reveille trommelt,
Ihm das Beispiel der Franzosen
Freiheitsdurstig um die Ohrn schlägt.

Schick dem frommen Michel jemand,
Der ihm Hellas' Götter predigt,
Dabei ungescheut bekennend,
Daß er's Fleisch dem Marmor vorzieh'.

Schick dem über allem schweren
Michel einen, der ihm beibringt,
Daß der Ernst der Erdenschwere
Recht betrachtet nur ein Witz ist.

Schick dem guten Michel jemand,
Der ihn lehrt, sein Mitmensch müsse
Erstmal satt sein, dann ergebe
Sich das Gutsein schon von selber.

Schick den Gegenwartsverhimmlern
jemanden, dem gar nichts heilig.
Schick den Menschheitstraumbeglückern
Jemand, der die Zukunft schwarz malt.

Schick den Priestern den Genießer,
Schick den Spießern den Apostel,
Den Philistern schick den Künstler –
Schick dem Michel den Versucher:

›Zeig doch mal, was du gelernt hast
In den Fächern Lesen, Denken,
Toleranz und Humanismus,
Kunstverstand und Herzensbildung.

Kannst du solchen Mann ertragen,
Ihn bewundern, gar vergöttern?
Oder wirst du ihn befehden,
Ihn verbieten, gar verteufeln?‹«

Unvermittelt schwieg der Grüne.
Nachdenklich sah Gott den Lehm an.
Blieb lang stumm, umwölkter Stirne,
Dann sprach er die Worte: »Hat was.

Freilich ist's mir nicht gegeben,
Diesen Kerl allein zu schaffen.
Solch Zerrißnen zu kreieren,
Braucht's den Odem zweier Schöpfer.«

Und so bliesen alle beide,
Hauchten doppelt Geist dem Lehm ein:
Siebzehnhundertsieb'nundneunzig
Schickten sie den Deutschen Heine.

II
Anfrage

Zu Frankfurt eine Zeitung mich frug:
Werden *Sie* aus Heinrich Heine klug?

Der wird im Dezember wohl zweihundert Jahr
Kommen *Sie* mit Heinrich Heine klar?

Wir dachten, das könnte was für Sie sein –
Fällt *Ihnen* etwas zu Heine ein?

Noch schreiben wir Mai, doch sei angefragt –
Denken *Sie* für uns über Heine nach?

III
Zögern

Ich weiß nicht, was soll das bedeuten,
Daß ich so unschlüssig bin.
Ein Urteil aus Urschülerzeiten,
Das will mir nicht aus dem Sinn.

»Der Heine? Ein Blender, kein Dichter.
Ein Journalist, kein Poet.
Nie schluchzt er, nie singt er, stets spricht er.
Ein Feuerwerk. Kein Komet.«

Der Heine scheint's nicht zu bringen,
Hat sich da der Schüler gesagt.
Das hat mit seinem Singen
Der Studienrat Kraus gemacht.

IV
Vorsatz

Gen Italien will ich reisen,
Um im Schatten der Zypressen
Deutscher Nebel, deutscher Händel,
Deutscher Knödel zu vergessen.

In dem Herzen der Toscana
Will vom Deutschtum ich genesen.
Und um meinen Sinn zu fest'gen
Werd' ich Heinrich Heine lesen.

V
Er beginnt die Lektüre

Ein Buch zu öffnen, meint auch zu verreisen.
Heißt mehr noch: sich auf Neuland vorzuwagen.
Ob seine Worte brechen oder tragen,
Muß sich beim Lesen Satz für Satz erweisen.

Der Heine trug sogleich. Wie man das Eisen
Durch kunstvolle Chemie in Stahl verwandelt,
Hat er das Wort gestählt, das, so behandelt,
Imstand ist, jeden Diensts sich zu befleißen,

Den ihm der Dichter abverlangt. Und Heine
Verlangte viel. Der Kranz seiner Sonette,
Dem er den Titel »Fresko« gab, alleine

Würd', wenn er andres nicht geschrieben hätte,
Genügen, seinen Namen zu bewahren:
So jung und schon so leid- und kunsterfahren!

VI
Er liest im »Buch der Lieder«

Das »Buch der Lieder« zu lesen,
Ist manchmal schon eine Straf'.
Das stete Lieben und Leiden
Wiegt selbst den Wachsten in Schlaf.

Das ständige Scheiden und Meiden
Stets nasser Äugelein klein,
Getragen vom Heben und Senken
Unzähliger Vierzeiler fein

Mit all ihren grausamen Liebchen
Und all ihren Nixen so kalt,
Sie ließen den Leser oft seufzen:
Ich fürchte, hier werd ich nicht alt.

Doch dann stößt er plötzlich auf Zeilen
Zu enden all seine Not,
Auf so gewaltige Schlüsse
Wie »Ich wollt', er schösse mich tot.«

VII
Erinnerung

Warum hab' ich nicht mit achtzehn Jahr
Den Heinrich Heine gelesen?
Warum ist mir nicht bei so manchem Gedicht
Feinsliebchen vor Augen gewesen?

Ich hatte mit achtzehn kein Liebchen hold
Und las auch keine Gedichte.
Ich las Sartre und wichste so vor mich hin.
Das ist die ganze Geschichte.

VIII
Er liest »Die Nordsee«

Das Sonnenlicht brannte
Auf das weithinwallende Arnotal,
Fern begrenzt vom blauen Kamm
Des hochragenden Pratomagno.
Ich aber saß im Schatten der Pergola,
Weinlaubgeschützt,
Die nackten Füße auf kühlenden Fliesen,
Und über die Schulter
Blickten Oleanderblüten mir;
Tiefrote Oleanderblüten
Nickten im fächelnden Wind,
Lächelnde Oleanderblüten
Fragten mich mädchenneugierig:
Was liest du da, Fremder?

Aufblickend sprach ich: Ich lese Heine,
Sämtliche Gedichte
In zeitlicher Folge
Herausgegeben von Klaus Briegleb.
Grad bin ich mitten im Zyklus »Die Nordsee«,
Grad sitzt der Dichter auf »weißer Düne
Am einsamen Strand«,
Auch er nicht ohn' Büchlein:

»Und ich las das Lied vom Odysseus,
Das alte, das ewig junge Lied,
Aus dessen meerdurchrauschten Blättern
Mir freudig entgegenstieg
Der Atem der Götter,
Und der leuchtende Menschenfrühling
Und der blühende Himmel von Hellas.«

So las ich's unter dem blühenden Himmel Italiens,
Und meine Brust schwoll auf wie das Meer des Nordens,
An welchem der Dichter gesessen hatte,
Und mein Herz schlug heiß wie die Sonne des Südens,
Unter welcher der Sänger gewandelt war,
Und meinen Kopf durchrauschten heiße Gedanken,
Und mein Mund, berauscht, sprach in feurigen Zungen:

Seit weit mehr als hundert Jahren
Liest man dich, herrlicher Heine.
Seit Jahrtausenden aber hört man
Dir zu, hochgerühmter Homer.
Beide wißt ihr
Um das Geheimnis der Dauer.
Beide kennt ihr
Den Schlüssel zum Ruhm.
Oh, verratet mir das süße Geheimnis!
Ach, reicht ihn mir, den güldenen Schlüssel!

Kaum sprach ich die Worte,
Da teilte die Luft sich,
Und aus blauem Azur trat
Ein Paar unters Weinlaub,
Der Jüngling so Arm in Arm mit dem Greise,
Als führte ein Sehender einen Blinden,
Und gemeinsam riefen sie:

Fürchte dich nicht, Poetlein!
Sieh! Wir reichen ihn dir, den Schlüssel!
Horch! Wir verraten es dir, das Geheimnis
Von Dauer und Ruhm! Es besteht in den Worten:
Folge den – – –

Hilflose Striche! Ihr kündet vom Unheil,
Daß ich das dritte Wort nicht verstanden:
Wem soll ich folgen? Ihr spracht durcheinander!
Habt ihr von »Göttern« geredet, von »Spöttern«?
Ach wiederholt es, das Schlüsselwort!

Doch da schüttelten sie die Köpfe,
Der Jüngling, der Alte:

Von anderen ließen wir uns erweichen,
Möglicherweise.
Doch bei dir, Poetlein,
Gilt »Nomen est omen«.
Da bleiben wir gern hart.

Also sprachen die beiden
Und vergingen im Blau.
Und über das mäßige Wortspiel
Erscholl in meinem Rücken
Nichtendendes Mädchenlachen
Kichernder, dummer Oleanderblüten.

IX
Er liest »Verschiedene«

Hier spätestens drängt eine Frage sich auf,
Die, Heine, glaub' ich, erlaubt ist:
Hast du wirklich so viele Frauen gehabt,
Wie du in Gedichten behauptest?

Die Göttin der Gelegenheit –
Hat sie dich so oft beglücket,
Wie du in deinen Poesien
Ein Mädchen ans Herze gedrücket?

Hortense, Diana und Marie –
Hast du sie wirklich besessen?
Und konntest über diesem Besitz
Friedriken und Kitty vergessen?

Clarisse, Seraphine und Angelique –
Sind das erfundene Namen?
Katharina, Jenny sowie Clarine –
War'n die existierende Damen?

Und Emma – hat sie dein Herze gequält?
Yolante – hat sie es gebrochen?
Olympe schließlich – hat sie es geheilt,
Wie du in viel Versen gesprochen?

Erzähl mir jetzt nichts vom »lyrischen Ich«.
Ich will vom Klassiker lernen!
Hast du die Frau'n auf Erden gehabt?
Oder küßten sie dich in den Sternen?

Du schweigst? Dann rede ich mal Fraktur:
War's nicht doch die alte Geschichte –
Wenig Wolle, aber reichlich Geschrei,
Wenig Leben, doch viele Gedichte?

X
Er variiert ein Thema von Heinrich Heine

Thema:

Denk ich an Deutschland in der Nacht,
Dann bin ich um den Schlaf gebracht,
Ich kann nicht mehr die Augen schließen,
Und meine heißen Tränen fließen.

Variationen:

Der Autor spricht zum Leser

Denk *ich* an »Deutschland in der Nacht«,
Dann bist *du* um den Schlaf gebracht.
Denn ich erklär dir gnadenlos,
Warum H. nicht die Augen schloß.

Ein rechter Vater spricht zu seiner Tochter

Denkst *du* an Deutschland in der Nacht,
Dann sei *er* um den Schlaf gebracht,
ein Schwiegersohn, dem noch nicht klar scheint,
Daß deutscher Nachwuchs erst das Paar eint.

Ein linker Kritiker spricht und spricht

Denkt *er* an Deutschland in der Nacht,
Dann ist *sie* um den Schlaf gebracht
Und hört bis weit ins Morgengraun,
Was die in Bonn für Scheiße baun.

Eine grüne Mutter spricht zur Sache

Denkt *sie* an Deutschland in der Nacht,
Dann ist *es* um den Schlaf gebracht,
Da sie so gegen Gen-Food powert,
Daß selbst die Muttermilch versauert.

Ein Elternteil spricht sein Problem an

Denkt *es* an Deutschland in der Nacht,
Dann wärn *wir* um den Schlaf gebracht,
Verstopften wir nicht seinen heisern
Kleinkindermund mit Tranquilizern.

Ein ausländischer Mitbürger spricht zu den Inländern

Wenn *wir* in Deutschland inne Nacht
Viel denke, wasse Heimat macht
Und unsre heiße Träne fließe -
Wie könnt *ihr* da die Auge schließe?

Ein Ausländerbeauftragter spricht zu den Ausländern

Denkt *ihr* an Deutschland in der Nacht,
Dann sind *sie* um den Schlaf gebracht,
Die Deutschen, die schon immer fanden,
Hier gäb's zu viele Asylanten.

Der Autor spricht das klärende Schlußwort

Wenn H. des nachts an D. gedacht,
War er nicht um den Schlaf gebracht,
Weil ihn D.s mieser Zustand quälte,
Nein, weil ihm seine Mama fehlte.

XI
Er liest »Deutschland. Ein Wintermärchen«

Gutdeutschland. Ein Sommernachtstraum.

Im achtzehnhundertdreiundvierziger Jahr,
Da hast du ein Herz dir genommen,
Im traurigen Monat November bist du
Nach zwölf Jahr'n in die Heimat gekommen.

Du hast Deutschland geliebt, und es hat dich verjagt,
Und all das hast du bedichtet.
Wir haben's gelesen und wir haben gelernt
Und alles zum Bessern gerichtet.

Im neunzehnhundertsieb'nundneunziger Jahr
Ist's Deutschland nicht mehr zu erkennen,
Das dich damals schreckte. Man möchte es fast
In Gutdeutschland umbenennen.

Von Bösdeutschland schweigen wir lieber. Es war
Das Werk eines einzigen Bösen.
Wer immer dir irgend ähnlich schien,
Den ließ er im Gas endlösen.

Doch all das ist tiefste Vergangenheit.
Gutdeutschland braucht sich nicht zu schämen.
Es sollte der Rest der Welt vielmehr
An ihm ein Beispiel sich nehmen.

Hier herrschen Vernunft und Augenmaß.
Hier hat man ein Herz für Kinder.
Hier wachsen die besten Autos der Welt
Und Zuckererbsen nicht minder.

Nicht länger verschlemmt hier der dicke Bauch
Des Shareholders die Dividenden.
Statt dessen hat jedermann Arbeit und Brot
Und auf immer gesicherte Renten.

Hier pflegt man den Geist, und hier preist man die Kunst,
Hier ging' dein Genie nicht verloren.
Und sollte der Staat einmal unpäßlich sein,
Dann gibt's ja noch immer Sponsoren.

Und Recht gibt es hier und Einigkeit
Und die Freiheit, die Wahrheit zu sagen.
Und wenn wer die Wahrheit anders sieht,
Dann darf er auf Schmerzensgeld klagen.

Dein Pfeil, Heine, schmerzt heute niemand mehr.
Die du trafst, sind alle längst Asche.
Doch träfest du jemand wie Engholms Björn,
Du brauchtest 'ne pralle Tasche.

Vierzigtausend Emmchen hat der entsteißt
Der satirischen Zeitschrift »Titanic«.
Die mußte sie zahln, obwohl Engholm log,
Doch ist das kein Grund zur Panik.

Denn im Mittelpunkt steht in Gutdeutschland der Mensch.
Der nämlich ist zugleich Wähler.
Daher achtet ihn der, der gewählt werden will,
Und vermeidet jeglichen Fehler.

Zum Beispiel den, ihm vorzuspieln,
Die Einigkeit werde nichts kosten.
Und wird schon dem Westen reiner Wein eingeschenkt,
Dann auch reiner Wodka dem Osten.

»Nach dem Beitritt wird's niemandem schlechter gehn,
Aber vielen, die beitreten, besser« –
Das meint: Wer bisher mit der Gabel aß,
Ißt fortan mit Gabel und Messer.

Wen schert da noch, was der Teller birgt.
Ist's Fleisch? Sind's die Knochenreste?
Hauptsache, der Teller hat einen Belag
Und der Ober 'ne reinliche Weste.

Er tischt schweigend auf, beißt prüfend in Fleisch,
Er schaut, daß der Markknochen hohl ist –
Was kann er dafür, daß die Beilage seit
Nun gut fünfzehn Jahren nur Kohl ist?

Doch genug vom drögen Kohl-Küchen-Latein!
Du, Heine, hast andere Fragen:
Regiern hier noch Kirche, Heer und Zensur?
Dazu laß dir folgendes sagen:

Es hat die Kirche verloren ganz
Vor dem Geschlecht das Grauen.
In Fulda wird Bischof Dyba demnächst
Die ersten Schwulen trauen.

Es ist unser Heer derart radikal
Der Idee des Friedens verpflichtet,
Daß es auf den Dienst mit dem Schießgewehr
Zugunsten des Ölzweigs verzichtet.

Zur Zensur: Die findet hier so nicht statt.
Hier steht jedem frei zu erraten,
Wonach Intendant und Verleger grad ist:
Nach Müsli? Nach Fisch? Nach Braten?

Kämst du, Heine, heute über die Grenz',
Die Augen tätest dir reiben:
In Gutdeutschland, diesem Sommernachtstraum,
fändest *du* keinen Anlaß zu schreiben.

Gutdeutschland ist kein Augiasstall.
Hier gibt es nichts auszumisten.
Und gäb' es doch was, dann gibt es ja noch
Die deutschen Kabarettisten.

Gutdeutschlands Kabarettisten all,
Die deinen Witz so sehr lieben,
Auch wenn ihre Witze oft derart sind,
Als habest du niemals geschrieben.

Heine! Gutdeutschland gedenkt heuer dein!
Und du? Hat's die Sprach' dir verschlagen?
Könntest du nicht, wackerer Jubilar,
Deinen Deutschen was Freundliches sagen?

Oder stehst du noch immer mehr auf Kritik?
Ist okay, wenn sie's konstruktiv meint.
Doch bedenke: Es wäre nicht grade fair,
Falls unsre Gradheit dir schief scheint.

Gutdeutschland freilich vertrüge selbst dies.
Wir sind nämlich unheimlich offen.
Daß du, Heine, das als Chance begreifst,
Können wir Gratulanten nur hoffen.

XII

Er liest den späten Heine

Augen hat uns zwei gegeben
Gott der Herr, daß wir erleben,
Wie das jahrelange Sterben
Heines Witz nicht konnt' verderben.
Augen gab uns Gott ein Paar,
Zu erkennen rein und klar:
Dieses Menschen Todesröcheln
Überstrahlte noch sein Lächeln.
Gott gab uns die Augen beide,
Daß wir schauen und begaffen,
Wie er jemanden erschaffen
Zu des Menschen Großhirnweide.
Jemand sonder Licht und Luft,
Der in der Matratzengruft
Lahm und leidend niederschrieb,
Was ihm noch zu sagen blieb.
Klagen, sicher, Flüche, freilich,

So verständlich wie verzeihlich,
Doch zugleich auch wunderbare,
Völlig losgelöste Sachen,
Teils zum Schaudern, meist zum Lachen,
Leichte Früchte schwerster Jahre:

»Gott gab uns nur *einen* Mund,
Weil zwei Mäuler ungesund«,
Schrieb der Kranke unerschrocken
Und rät munter nachtarocken:
»Mit dem einen Maule schon
Schwätzt zuviel der Erdensohn.
Wenn er doppelmäulig wär,
Fräß und lög' er auch noch mehr.
Hat er jetzt das Maul voll Brei,
Muß er schweigen unterdessen,
Hätt er aber Mäuler zwei,
Löge er sogar beim Fressen.«

So was auf des Todes Schwelle
Hinzuschreiben auf die Schnelle
Ist so herzerwärmend dreist,
Weil es zweierlei beweist.
Erstens: Vor der letzten Nacht
Hat sich's noch nicht ausgelacht.
Zweitens: Wahrer Dichtermund
Tut noch sterbend Wahrheit kund.
Heine bleibt dabei unfaßbar:
Spielt den Wachtmeister, den Kasper,
Spielt die Grete, spielt den Drachen,
Spielt den Starken, spielt den Schwachen,
Spielt den Herrgott, spielt den Teufel,
Macht in Glauben, macht in Zweifel,
Spielt und macht: So, wie er lebte,
Jauchzte, liebte, haßte, bebte,
Lachend litt und schreibend fühlte,
Also starb er. Nie erkühlte

Trotz der jahrelangen Leiden
Heines Doppelliebe. Beiden
Hielt er unbeirrt die Treue
Ohne Zweifel, ohne Reue:
Den Geschwistern Witz und Wahrheit
Alias Helligkeit und Klarheit.
Heines Witz erhellt noch heute.
Heines Wahrheit klärt noch. Leute!
Diesen Mann zu ehren heißt,
Daß man eignen Witz beweist.

Gott gab uns zwar nur ein Hirn,
Doch dies Hirn beschützt die Stirn.
Ergo mangeln den Geschöpfen
Keine Bretter vor den Köpfen,
Und vor solchem Bretterwesen
Schützt verschärftes Heine-Lesen.
Jede Seite macht vom Brett
Einen Millimeter wett,
So daß auf dem Sterbebette
Der den vollen Durchblick hätte,
Der beizeit so klug gewesen
Beispielsweise dies zu lesen:

»Was dem Menschen dient zum Seichen,
Damit schafft er seinesgleichen.
Auf demselben Dudelsack
Spielt dasselbe Lumpenpack.
Feine Pfote, derbe Patsche,
Fiddelt auf derselben Bratsche,
Durch dieselben Dämpfe, Räder
Springt und singt und gähnt ein jeder,
Und derselbe Omnibus
Fährt uns nach dem Tartarus.«

XIII
Erkenntnis

Wer wann was liest, hat manchen Grund.
Ob dich ein Buch in Ruh läßt,
Entscheidest du, indem du es
Nicht öffnest, sondern zuläßt.

Ich ließ so manches zu. Man kann
Nicht alles haben wollen.
Jedoch:
Den späten Heine hätte ich
Schon früher lesen sollen.

XIV
Einsicht

»Anders liest der Knabe Terenz,
Anders der Greis.«
Anders liest den Heine, der ahnt.
Anders, der weiß.

XV
Heimkehr

»Schöner Süden! Wie verehr ich
Deinen Himmel, deine Götter,
Seit ich diesen Menschenkehricht
Wiederseh, und dieses Wetter« –

Großer Heine! Wie versteh ich
Deine Worte, grimmer Spötter,
Doch mich hindern an der Heimkehr
Menschenkehricht nicht, nicht Wetter.

Teure Heimat! Heinehalber
Mag mein Konto sich erholen:
Wo ein Dichterkönig feiert,
Tröpfelt es für Kärrner Kohlen.

XVI
St. Heine

Jedwedes Dichten hat Folgen,
An die ein Poet nie gedacht.
Du, Heine, hast uns Literaten
Den Frieden auf Erden gebracht.

Dich, Heine, preisen hier Federn,
Die sich sonst bekämpfen aufs Blut.
Laut rühmt dich der Reich-Ranicki,
Und der Raddatz-Fritz ist dir gut.

Auf dich berufen sich Dichter,
Die einander sonst spinnefeind.
Dein Lob hat zerstrittne Poeten
Wie Rühmkorf und Biermann geeint.

Viel fehlt nicht, sie sprechen dich heilig.
Willst du dich dessen erwehr'n,
Dann lasse nochmal deine Stimme
In göttlicher Frechheit hör'n.

Sag uns was zum Reich-Ranicki,
Zum Biermann, zum Raddatz-Fritz,
Zum Rühmkorf, zum Schreiber der Zeilen,
Zu allen, die deinen Witz

Aus sichrer Entfernung verehren –
Tritt ihnen nur einmal zu nah:
Und statt des heiligen Heine
Wär wieder der höllische da.

XVII
Epilog in Frankfurt

Vier Wochen lang hab ich täglich bedacht:
Wie hat das der Heinrich Heine gemacht?

Vier Wochen lang hab ich mich täglich befragt:
Wie hätte es Heinrich Heine gesagt?

Vier Wochen lang habe ich Heine gelesen:
Es ist eine gute Zeit gewesen.

Vier Wochen lang hab ich wie Heine geschrieben:
Das wäre vielleicht besser unterblieben.

II SCHARNIER

O-MEI / BUCH DER WINDUNGEN

Verzeichnis der Namen

Brecht: Kin
Henscheid: He-hei
Gernhardt: Ge-ga
Goethe: Go-e-te
Klopstock: Og-op
Lessing: Es-ing
Emil Ludwig: Lu
Feuchtwanger: Fe-hu-wang
Ingeborg Bachmann: I-ba

Über das Lachen

Hörend, er solle den Kin-Preis erhalten, sei er zusammengezuckt, räumte Ge-ga ein. »Aber nur für einen Moment«, setzte er hinzu. »Vergleichend Kins auf dem ganzen Erdball gerahmtes Riesenwerk mit meinen unscheinbaren, selbst einem Großteil meiner Landsleute unbekannten Hervorbringungen, hielt ich mich nicht lange bei dem Gedanken auf, es könne mir als Anmaßung ausgelegt werden, meinen Namen mit dem Kins in Verbindung zu bringen. Wer reizt bei der Hochzeit zwischen einem Elefanten und einer Maus mehr zum Lachen? Der Bräutigam? Die Braut? Oder der Priester, der das ungleiche Paar allen Ernstes zu trauen gewillt ist? Die Antwort erscheint mir nebensächlich angesichts der Tatsache, daß es überhaupt was zum Lachen gibt. Denn da, wo man lacht, bin ich gern dabei. Warum also nicht auch bei der Kin-Preisverleihung?«

Über den Widerstand

Der Schriftsteller He-hei hielt es für verwerflich, Literaturpreise anzunehmen, während sein Kollege Ge-ga nichts dabei fand.

»Indem du dich mit dem Literaturbetrieb gemein machst, stärkst du ihn«, sagte He-hei.

»Indem ich ihm Geld entziehe, schwäche ich ihn«, hielt Ge-ga entgegen.

»Indem du einen Preis annimmst, gibst du zu verstehen, welches dein Preis ist«, fügte He-hei hinzu.

»Indem ich jedweden Preis annehme, ganz gleich, wie hoch er dotiert ist, signalisiere ich, wie gleichgültig mir der jeweilige Preis und das mit ihm verbundene Geld sind«, erwiderte Ge-ga.

»Indem du es zuläßt, daß dein guter Name mit so etwas

Fragwürdigem in Verbindung gebracht werden darf, wie es ein Preis ist, schwächst du bei jenen Jüngeren, die zu dir aufblicken, den Sinn für Richtig und Falsch und damit ihren Widerstand gegen den Literaturbetrieb«, mahnte He-hei.

»Indem ich ein schlechtes Beispiel gebe, schwäche ich lediglich ihre Bereitschaft, zu jemandem aufzublicken«, versetzte Ge-ga. »Damit aber stärke ich ihren Eigensinn, die wichtigste Voraussetzung dafür, jedwedem Betrieb Widerstand entgegenzusetzen.«

Über die Ausbeutung

Als die Nachricht, er habe den Kin-Preis erhalten, sich herumsprach, begegnete Ge-ga einer Bekannten, die ihn zur Rede stellte: »Findest du eigentlich nichts dabei, einen Preis anzunehmen, dessen Namensgeber des vielfachen geistigen Diebstahls sowie der intellektuellen und materiellen Ausbeutung ihm emotional verfallener Frauen überführt ist?«

»Kin war sicher kein Heiliger«, räumte Ge-ga ein. »Aber erstens hat er aus seiner Laxheit in Fragen des geistigen Eigentums nie einen Hehl gemacht. Zweitens hat er den ihm verfallenen Frauen eine Weisheit abverlangt, die sie ohne seinen Hebammendienst vermutlich nie an den Tag gelegt hätten. Und drittens stelle ich es mir riesig vor, wenn einem dieselbe Maus, die man nachts gebürstelt hat, tags drauf kein Drama macht, wenn man weitere Mausis anschleppt, sondern einem, im Verein mit ihnen, ein Drama schreibt. Und wenn das Kind eines solchen Autorenkollektivs denn unbedingt einen Namen haben muß – warum soll es nicht den dessen tragen, der das ganze Mausirudel zusammengeführt und Nacht und Tag bei Laune gehalten hat, weshalb« – doch bemerkend, daß seine Gesprächspartnerin längst das Weite gesucht hatte, bequemte sich Ge-ga zu schweigen.

Über die Kritik

Schon im Vorfeld des hundertsten Geburtstags des Dichters Kin erhob sich ein gewaltiges Rauschen im Blätterwald, aus welchem kritische Untertöne nicht zu überhören waren: Kin, der große Ankläger der Ausbeuter, habe selber seine Mitarbeiterinnen und Mitarbeiter ausgebeutet. Kin, der leidenschaftliche Freund der Freundlichkeit, habe an seinen Mitmenschen wenig freundlich gehandelt. Kin, der Aufrührer, habe seine Anfänge verraten und sich am Lebensende als staatstragender Dichter feiern lassen.

Aus all dieser Kritik schloß Ge-ga jedoch nicht auf ein Versagen Kins, sondern auf dessen Verdienste: »Wer Zeit seines Lebens damit zugebracht hat, auf Widersprüche hinzuweisen, hat es verdient, daß man seine Methoden nach erfolgtem Ableben auf dieses Leben anwendet. Wer, als er heranwuchs, die Größen seiner Zeit kritisiert hat, wird es als Lob empfinden, daß er, groß geworden, selber kritisiert wird. Wer die Herrschaft des Menschen über den Menschen abschaffen wollte, kann nur zustimmen, wenn auch seiner eigenen Herrschaft der Prozeß gemacht wird.«

Ob er denn wirklich glaube, Kin würde, lebte er noch, dazu in der Lage sein, seinen Kritikern gegenüber eine derart abgeklärte Haltung an den Tag zu legen, wurde Ge-ga gefragt.

»Vermutlich würde er sich mopsen«, räumte der ein. »Möglicherweise würde er sich jede Kritik verbitten und den Rotzlöffeln raten, es erstmal besser zu machen. Und hätte er nicht recht? Kritisieren ist leicht. Kritisieren kann jeder!«

Aber er habe doch ebenfalls hier und da den Kin kritisiert, wurde Ge-ga entgegengehalten.

»Natürlich habe ich das«, versetzte der. »Was lediglich belegt, wie leicht das Kritisieren ist. Wenn schon ich das kann!«

Je höher die Wellen zu Kins hundertstem Geburtstag schlugen, desto tiefer das Tal, in welches ihn so manche Feder zu stürzen suchte. Am freundlichsten meinten es noch jene mit Kin, die lediglich seinen Ideen, nicht seinem Werk den Prozeß machten. Weniger freundlich die Stimmen, welche nur noch Teile von Kins Werk gelten lassen wollten, wobei einige der Kritiker jene Gattungen bzw. Phasen bevorzugten, die Kin selber weniger hoch geachtet hatte, die Lyrik beispielsweise oder das Frühwerk, andere aber gingen so weit, einzig und allein einem Bruchteil des Kinschen Erbes, beispielsweise dem Fragment gebliebenen Werkstück »Fatzer«, bleibenden Wert zuzusprechen.

Und schließlich waren da noch jene, die bereits beide dem dunkelsten Orkus verfallen sahen, Ideen wie Werk, freilich nur, um das Leben Kins vor solch düsterer Folie um so heller erstrahlen zu lassen: Derart exemplarisch habe Kin die Widersprüche seiner Epoche erlebt und gelebt, daß sein Lebenslauf recht eigentlich jenes Kunstwerk darstelle, das allein es rechtfertige, dieses ansonsten doch mehr als fragwürdigen und abgetanen Dichters zu gedenken. Ja, es gab sogar mißtrauische Geister, die sich Kins überreiche Produktivität nicht anders zu erklären vermochten, als daß er sich vampirhaft anderer Lebenssäfte und Phantasiekräfte bemächtigt habe, ein Verdacht, aus welchem sie die Berechtigung ableiteten, die Keller der Kinschen Biographie rücksichtslos nach Leichen zu durchsuchen und bei jedem Fund, der einem Knöchelchen auch nur entfernt ähnelte, »Beweisstück« zu schreien.

Ge-ga hörte all jenen Stimmen voll nachsichtiger Belustigung zu. »Mit unserem Altmeister Go-e-te schließe ich aus großen Wirkungen auf große Ursachen«, sagte er. »Die Säure des Ingrimms, mit der die Verächter Kins den Jubilar überschütten, ist für den Verachteten ungleich belebender, als es der parfümierteste Weihrauch sein könnte.

›Wer wird nicht einen Og-op loben / Doch wird ihn

jeder lesen? Nein‹, dichtete Meister Es-ing einst, um fortzufahren: ›Wir wollen weniger erhoben / Und fleißiger gelesen sein.‹ Was aber könnte mehr zur Lektüre anstacheln als die Behauptung, der Verfasser gehöre nicht der Literatur-, sondern der Kriminalgeschichte an? Daher bin ich guten Mutes, daß Kin, anders als – beispielsweise – seine zu ihrer Zeit hochberühmten und, zumindest in ihren Schriften, sittlich höherstehenden Zeitgenossen und Kollegen Lu oder Fe-hu-wang, auch von kommenden Generationen gelesen werden wird. Denn wenn etwas partout nicht umzubringen ist, dann jenes gesunde Interesse am Verbrechen, das bereits der junge Kin an den Tag legte, als er den Elternmörder Jakob Apfelböck und die Kindsmörderin Marie Farrar besang. Und wer erstmal so weit ist, die ›Hauspostille‹ des übel beleumdeten Kin aufzuschlagen, der wird auch nach weiteren hundert Jahren nicht umhin können festzustellen, daß da kein teuflischer Verbrecher, sondern ein höllisch begabter Dichter am Werk gewesen ist.«

Über das Verbessern

In jungen Jahren hatte sich Kin die Grabinschrift REIN. SACHLICH. BÖSE gewünscht, älter werdend war er mehr und mehr darauf aus gewesen, das seiner Meinung nach Gute zu loben und die Freundlichkeit als solche zu preisen.

Ge-ga, der diesem positiven Kin so wenig über den Weg traute, wie er den negativen hoch schätzte, versäumte es daher nicht, sich bei der Kin-Lektüre stets eines Stifts zu vergewissern, mit dessen Hilfe er immer dann eingriff, wenn Kin in seinen Augen mal wieder des Guten zu viel tat. So, als er auf Kins »Lob der Partei« stieß, das mit den Zeilen beginnt: »Der einzelne hat zwei Augen / Die Partei hat tausend Augen.«

»Der einzelne hat nur zwei Augen / Die Partei hat ein Auge«, berichtigte Ge-ga.

Auch den Schluß des Gedichts »Vergnügungen« mochte er nicht so stehen lassen, wie Kin ihn hingeschrieben hatte: »… Begreifen / Neue Musik / Schreiben, Pflanzen / Reisen / Singen / Freundlich sein« –: »Freundlich tun«, korrigierte Ge-ga.

»Aber du kannst doch nicht einen Kin verbessern wollen!« wurde ihm entgegengehalten.

»Wer spricht hier von wollen?« versetzte Ge-ga. »Ich verbessere ihn.«

»Wer gibt dir das Recht dazu?« fragte man Ge-ga.

»Der Dichter Kin«, erwiderte Ge-ga. »Lest nur einmal nach, wie der die Gedichte der Dichterin I-ba zusammengestrichen hat. Dabei lebte die zur Zeit der Kinschen Verbesserungen noch und hätte sie selber leisten können. Um so einleuchtender, dem, der seine Gedichte ablebenshalber nicht mehr selbst zu verbessern imstande ist, diesen Dienst zu erweisen!«

»Ich verstehe«, lenkte Ge-gas Gegenüber ein. »Du verbesserst Kins Gedichte nicht aus Besserwisserei, sondern aus Freundlichkeit!«

»O mei!« sagte Ge-ga und erbleichte.

III RECHTER FLÜGEL

WÜRSTCHEN IM SCHLAFROCK
ODER
SEPTEMBER MIT GOETHE

15. September

IM KOSTÜMVERLEIH

Dichten meint Vermummen. Reicht mir
Jenen Rock und diese Züge
Für zwei Wochen. Ich will durch sie
Sprechen – zeiht mich nicht der Lüge!

Wer da spricht, ist noch ich selber.
Was er spricht, ist ungeschöntes
Leben, maskenhaft vermittelt.
Bin ja selbst gespannt: Wie tönt es?

16. September

MONDFINSTERNIS IN MONTAIO

Wie sich Luna nach und nach
Erdbedingt verdunkelt,
Und als letzter Phöbusgruß
Schmalster Bogen funkelt,

Denke ich der Holden fern:
Bleibe mir gewogen!
Wirkt dein Freund auch schattenhaft,
Strahlt dir doch sein Bogen.

18. September

MORGENSTIMMUNG 9 UHR 30

Treffen sich bei Sonnenaufgang
Warm und Kalt zu schönster Mischung,
Lenkt dich bergwärts mildes Wehen,
Lockt dich talhin linde Frischung –

Merke auf: In Gegensätzen
Sollst du dich der Welt entfalten.
Und du wirst dich hold erhitzen,
Und du darfst dich sanft erkalten.

ABENDGEDANKEN

Steht die Sonn' noch überm Bergkamm,
Dringt vom schattgen Tal her Läuten –
Mag halbblind das Aug' nicht wenden:
Was will dieser Blick bedeuten?

Kann er sich dem Lichte wappnen,
Hilft ihm strahlendstes Gewöhnen,
Andrer Sonne standzuhalten
Nachts im Aug' der holden Schönen.

MONDAUFGANG

Trittst so rot in unser Blickfeld
Und entwickelst dich so weiß,
Als entwüchse tollem Knaben
Mählich silberbleicher Greis,

Lehre du die ferne Holde:
Auch der Silbergreis kann strahlen,
Um so heller, um so höher
Er sich löst aus Jugendqualen.

19. September

SONNENAUFGANG 7 UHR

Morgenrot in ganzer Breite
Kündet glänzendstes Gelingen,
Schweigend hellblau ruht im Nebel
Landschaft, aber Vögel singen

Schon davon, daß alles licht wird,
Was da eben noch im Schleier.
Auf denn! Fliegt zur Holden, singt ihr:
Bald enthüllt sich auch dein Freier.

MORGENSTIMMUNG 9 UHR 15

Blauer Dunst durchdringt Erscheinung,
Mischt sich unter die Gestalten,
Faßbar feuchter Lebensodem
Will erfrischend Welt erhalten –

Also such auch du umfassend
Dich dem Dasein mitzuteilen,
Und es kann selbst sprödste Holde
Deinem Hiersein nicht enteilen.

MORGENDLICHER AUSGANG

Vipernsteige, morgentaulich,
Fester Stock soll Schlangen wehren,
Doch welch Stecken schützt vor jenen
Zähnen, die das Herz versehren?

Steig getrost hinan, wo's schattet!
Fürchte Farne nicht, noch Feuchte!
Aber hüte dich, wenn's lichtet:
Schlänglein lauert im Geleuchte!

MITTAGSRUHE

Mittagswarmer Hund legt seufzend
Seinen Kopf auf meine Flanke.
Richtet sich der Blick zur Lampe,
Keimt im Herzen der Gedanke

Daran, wie, wenn Tag verdämmert
Und die Lampe traulich scheinet,
Eine Bettstatt Hund und Herrchen
Nachtwarm mit der Holden einet.

ÜBERRASCHENDER AUFBRUCH UND ANFLUG ÜBER DIE PO-EBENE AUF LUGANO

Was da durch das Land mäandert,
Nennt zwar Fluß sich, doch ist Schlange.
Was da aus den Wolken steiget,
Heißt zwar Berg, doch gar nicht lange,

Und es schwant dem Herz des Fliegers,
Daß er auf verwegnem Schiff ist,
Weil auf einem Drachenrücken
Er zu landen im Begriff ist.

ÜBER DIE ALPEN NACH ZÜRICH

Siehst du dieses Meer, versteinert,
Menschenfeindlich steiler Faltung,
Sinnst du nach dem dunklen Sinne
Eisig dräuender Gestaltung,

Ahnst du, daß Gefahr auch uns droht,
Zu versteinern, zu erkalten,
Wenn wir nicht in festen Armen
Wärmend holden Busen halten.

21. September

RÜCKFLUG MIT DER CROSSAIR

Flogst du fort durch lichte Sonnen,
Düst zurück in dichtem Schleier,
Reicht dir holde Hand Champagner
Deiner Wiederkehr zur Feier.

Hold, doch Ach! nicht Hand der Holden.
Was mag die tief drunten treiben?
Fester spannt ums Glas die Linke,
Und die Rechte läßt das Schreiben.

23. September

VOR DEM WEINFELD

Grünspalierte blaue Trauben
Rüsten sich zu letzter Schwellung,
Letzter Reifung, letzter Süßung
Dank der Sonne letzter Hellung,

Um sodann in erster Gärung
Neue Formung einzugehen:
Immer muß die Traube sterben,
Will als Wein sie auferstehen.

UNVERHOFFTE LANDESFARBEN

Dunkelkühl empfängt dich Hohlweg,
Brombeerarme nach dir greifen,
Beeren locken, Dornen wehren,
Tief im Dickicht aber reifen

Rote Butte, weiße Dolde,
Einen sich in farbgem Chore,
Akkordiert von grünem Blattwerk,
Zu Italiens Trikolore.

ABENDGANG

Ruft der Herr barsch nach dem Hunde,
Tut sich der an Trauben gütlich,
Will der Herr sich schon ereifern,
Sänftigt sich sein Zorn gemütlich:

Läßt auch er doch klüglich keine
Holde Süße ungekostet,
Ob die Sonne sinkend westet,
Ob sie auferstehend ostet.

24. September

MORGENGEDANKEN

Sommer liegt mit Herbst im Streite.
Sommer wird den Strauß verlieren.
Aber nur, um bald als Frühling
Mit dem Winter zu turnieren:

Unentwegtes Kräftemessen!
Ewiges hie Stirb! hie Werde!
Was da untergeht als Asche
Sieghaft aufersteht aus Erde.

ZWEI GETREUE

Hund und Katz gespannter Haltung
Wachen meiner Holden Schritte.
Bis sie was zu fressen kriegen,
Ist ihr Treiben ihre Mitte.

Danach freilich teilt der Weg sich.
Katze zieht's ins Abenteuer.
Doch im steten Harrn des Hundes
Spiegelt sich ein Mitgetreuer.

AUFFORDERUNG ZUR TEILNAHME

Katzen unterm Oleander
Balgen sich auf dichtem Haufen,
Schwarze Körper, goldne Augen,
In besinnungslosem Raufen:

Alles Leben will sich messen.
Alle Körper wolln sich spüren.
Nimm dran teil, und alle Wege
Werden dich zur Holden führen.

MITTÄGLICHE RAST

Wie aus frostverschonter Wurzel
Drei Olivenstämmchen steigen,
Setz ich mich auf schattgen Baumstumpf
Überlaubt von Silberzweigen,

Übertönt vom Schrei der Schwalbe,
Überwölbt von Himmelsbläue:
Pan, uralter Gott des Mittags,
Überwältigst mich aufs neue.

VOM KLEBSTOFF

Folgenreiches Feigenpflücken!
Zähes Harz an beiden Händen
Zwingt mich nach genoßner Süße
Im Parabelton zu enden:

Mag er noch so festen Sinnes,
Was ihm bitter wird, begrüßen,
Bittres wird ihn niemals binden,
Kleben bleibt der Mensch am Süßen.

GLEICH UND UNGLEICH

Jeden Tag zur gleichen Stunde
Gleiches Tun an gleicher Stelle,
Gleicher Blick zum gleichen Fenster,
Gleicher Schritt zur gleichen Schwelle –

Und es flügelt gleiches Fühlen
Wie am Vortag unermattet
Gleichen Dichter, gleiche Holde,
Wenn sich gleich zu ungleich gattet.

25. September

NACHTBILD

Schmaler Mond. Melonenscheibig
Strahlt er dünn auf schwarzem Samte,
Der millionenfach belebt scheint,
Ist er doch der angestammte

Urgrund aller jener Sonnen,
Die dir um so heller scheinen,
Je geschwächter der Trabant wirkt.
So im Großen, so im Kleinen.

SOMMERLICH WARM

Früchte schrumpfen, Beeren trocknen.
Im schier endlosen Bescheinen
Schickt sich Grünes an zu gilben,
Übt sich Großes im Verkleinen:

Will dir etwas wohl, sei wachsam!
Jede Wohltat kann sich rächen.
Was dich säftigte, dich dörren,
Und was kräftigte, dich schwächen.

VOM PFIRSICH

Ungezählter Pfirsichfrüchte
Rund an Rund in dichtem Laube,
Pfirsichernte unermeßlich –
Da mach ich mich aus dem Staube:

Menge freut sich an der Menge,
Dichter schon am Einzelfalle.
Ihm genügt der An-und-Pfirsich –
Kennt er einen, kennt er alle.

MITTAGSRUHE

Ausgestreckt auf breiter Matte,
Wäscheknattern, Wipfelrauschen
Über mir und mir zu Füßen
Weites Land. Zwei Falter tauschen

Gaukelnd unverstellte Botschaft,
Und ich spür mit allen Sinnen
Zeit sich sammeln, Zeit sich stauen,
Zeit verströmen, Zeit verrinnen.

VOM WEIN

War denn schon vom Wein die Rede?
Nein? Dann laßt mich von ihm singen.
Singend trink ich, trinkend will ich's
Lied zu gutem Ende bringen:

Folgt auch Trunk aus Pöbelmaul
Unverständlich Lallen –
Singt des Dichters reiner Mund:
Rotwein wird sich ballen.

VERFRÜHTES DUNKEL

Mehltau trübt die bunten Bilder,
Frösteln lähmt die muntern Glieder,
Schwacher Trost: Mit meiner Schwäche
Find ich mich in allen wieder.

Biene summt nicht, Echse jagt nicht,
Katz und Hund verharrn verbiestert,
Sonne wärmt nicht, Strahl erhellt nicht,
Seit der Holden Braue düstert.

26. September

UNVERTRAUTER SCHMERZ

»Sieh den Mann dort auf der Bettstatt«,
Sprach die Gottheit zu dem Schützen,
»Halte nicht aufs Herz des Toren,
Herzschmerz pflegt der auszunutzen.

Halt auf seine linke Schulter,
jene, die er nie bedachte.
Er wird sie ab heut bedenken!«
Schütze schoß und Gottheit lachte.

MORGENLEKTION

Schaut dein Auge trüb zu Boden,
Kommt der Hund vorbeigeflogen,
Wird dein Blick auch wider Willen
Aufgefrischt und hochgezogen.

Will dein finsteres Gemüte
Allem Frohsinn sich verweigern,
Lehrt ein Blick auf den Galopper:
Leben nur kann Leben steigern.

UNMÖGLICHE REISE

Glück vergangner Völkerschaften
Lag auf schnellem Pferderücken.
Andrer Sattel, andres Reittier
Soll mich Mann von heut beglücken:

Hü, mein braves motorino!
Trage mich mit vierzig Sachen
Weit, weit fort von dumpfen Grillen
Rasch, rasch hin zu frohem Lachen.

ZWEIERLEI WINZER

Jenes Feld ist schon geerntet,
Dieses blaut noch voller Trauben.
Jener hat gedacht: Mehr gibt's nicht.
Dieser lebt im festen Glauben

Daran, daß die Sonne endlos
Süßespendend weiterstrahle –
Sehe jeder, wie er's treibe,
Und wer irrt, daß er auch zahle.

ABENDGANG 18 UHR

Anfangs geh ich frisch im Schatten
Abwärts in gewohnter Richtung,
Dann, am Bildnis der Madonna,
Trete ich in letzte Lichtung,

So denn weiter in die Sonne,
Schritt für Schritt zu reinster Sichtung
Steigt der Weg, und schrittweis fügt sich
Wort zu Satz und Satz zu Dichtung.

ABENDGANG 18 UHR 15

Geht die Sonne, folgt die Farbe.
Nach durchscheinendstem Verglühen
Hat der Baum nichts mehr zu bieten.
Also spart er sich die Mühen

Und verharrt gedeckter Tönung,
Bis im nächsten Sonnenschimmer
Er erneut erglüht. Doch vorerst
Dreht der Abend still am Dimmer.

27. September

MORGENDLICHER FUND

Auf dem Weg unübersehbar
Grellgestreifte Spuren eines
Niegesehnen Tiers, da nächtlich:
Borstengruß des Stachelschweines.

So, wie ich an jene Tiere
Glaube dieser Borsten wegen,
Kann sich angesichts des Schönen
Dank an einen Schöpfer regen.

SONNENBLUMEN

Sommersonne strahlt vom Himmel,
Sonnenblumen starrn zur Erde.
Wer sie anschaut, steht betroffen:
Soviel Stirb! Wo bleibt das Werde?

Nicht mehr Sonne, kaum mehr Blume –
Angesichts des Dörrzeugs lerne:
Was da schwarz die Köpfe neiget
Birgt millionenfache Kerne.

TADEL DES SCHÖNEN

Wie auf einer Perlenkette
Reiht sich Tag an Tag in Schöne.
Wieso kommt's dem Dichter vor, als
Ob das Schöne ihn verhöhne?

Anfangs glückte ihm das Rühmen.
Gern gedenkt er jener Zeiten.
Aber mählich fehln ihm Worte,
So wie seiner Leier Saiten.

LOB DES IRRTUMS

Unabweislich starker Eindruck:
Schöner kann es nicht mehr werden!
Das war gestern. Heut ist's schöner.
Derart läßliche Beschwerden

Zeigen mir, daß ich ein Mensch bin.
Denn »humanum est errare«,
Lehrt der Weise. Solchem Irrtum
Blas ich gerne die Fanfare.

IN DER WEINHANDLUNG MONTAGNANI IN GAIOLE IN CHIANTI

Größtes Glück geschulter Geister
Ist, in einem Weinland leben.
Wer gern Wein trinkt, den berauscht schon
Das Versprechen praller Reben –

Wieviel mehr der holde Anblick
Aufgereihter voller Flaschen:
Kann ich nicht aus allen trinken,
Will ich doch von vielen naschen.

ZWEIERLEI FISCHER

Spiegelglatter See. Zwei Fischer
Rudern schwatzend in die Helle.
Dichter sitzt im Uferschatten
Und tritt schweigend auf der Stelle.

Die und ich: Wir beide angeln,
Wenn auch an verschiednen Orten.
Die auf sichrem See nach Fischen,
Ich auf schwankem Grund nach Worten.

MITTAGSIMBISS VOR DER TAVERNA DEL PESCATORE

Säh' ein Bürger unsern Dichter,
Seine Nase tät' er rümpfen:
Dieser Rucksack voller Kerschel,
Die Sandalen sonder Strümpfen!

Dichter greift derweil zum Rotwein.
Als gelehr'ger Schüler Hatems
Trinkt und schreibt er leichten Hemdes,
Kurzer Hos' und langen Atems.

AM SEE

Mittagsstunde. Sommerfriede.
Seelenruhe. Märchenwetter.
Alles schweigt, und nun verstummen
Selbst die Silberpappelblätter.

Fast zu unbewegt dies Inbild.
Dieser Inbegriff zu leise.
Wärn da nicht der Sprung des Fisches
Und des Wassers leichte Kreise.

BEIM ANBLICK DER PUTENFARM AUF DEM ABENDLICHEN CHIANTIKAMM

Gegenlicht – verquerer Ausdruck!
Wer wollt' ernstlich gegen Licht sein?
Licht allein macht Umwelt sichtbar,
Wo kein Licht ist, da ist Nichtsein.

Gegenlicht – bist dieser Unwelt
Angemessenste Belichtung:
Häßliches verschmilzt mit Schönem,
Schaut das Aug' in Sonnenrichtung.

28. September

9 UHR MORGENS: 18 90 % 1026

Forschend blick ich jeden Morgen
Auf den Drillings-Wettermesser.
Daß das Wetter gut ist, spür ich,
Doch dank Messer weiß ich's besser:

Der schwärmt nicht vom schönen Wetter,
Sondern referiert das wahre.
Grade und Prozente: sehr schön.
Wunderschön: die Millibare.

DUNSTIGER MORGEN 9 UHR 30

Fort die Felder, fort die Häuser,
Hügel, Berge, wie sie heißen.
Landschaft, anfangs scherenschnittig,
Endet aufgelöst im Gleißen.

Lerne du, im Unsichtbaren
Schein zu sehn, nicht Sein zu missen.
Vor dem Nichts hilft nur der Glauben.
Vor dem Dunst genügt das Wissen.

MORGENDLICHE FALLEN

Brombeerranken, eingesponnen,
Spinnennetze, taubedeckte,
Todesfallen, silberschöne,
Todesboten, aufgeschreckte:

Fürchtet nicht, mein fester Stecken
Werde euer Werk verletzen!
Bin ja selber eingesponnen,
Zapple selbst in festern Netzen.

TROTZ

Seufzend blickt der Dichter aufwärts,
Träumt vom Nebel, sehnt sich Wolken:
»Diesen ewigblauen Himmel
Hab ich weidlich ausgemolken«,

Denkt er schnöde. Doch nicht lange,
Und es regt sich sein Gewissen:
»Wie werd ich dich, lieber Himmel,
Im Novembergrau vermissen!«

LOB DER ACHTUNDZWANZIG

Ich war immer schwach im Rechnen,
Machte mir nie viel aus Zahlen,
Doch die holde »Achtundzwanzig«
Könnt' ich glatt auf Wände malen.

Wer's zu deuten weiß, der deute!
Weil ich selber gerne wüßte,
Warum mich von allen Ziffern
Grad die »Achtundzwanzig« küßte.

BEGEGNUNG IN GAIOLE IN CHIANTI

Schwarzer Kater, bernsteinäugig,
Geht der Holden um die Beine:
»Na, wo drückt uns denn das Herzchen?
Brauchst du etwa Hilfe, Kleine?«

Und empfiehlt sich stracker Rute
Als allwissender Berater.
Da wär' Holde gerne Katze,
Ihr Begleiter gerne Kater.

NEUE TANKSTELLE VOR RADDA IN CHIANTI

Ach, dem Schönen zu genügen
Ist dem Menschen nicht gegeben!
Immerwährend scheint das Schöne,
Jäh erlischt des Menschen Leben.

Grund genug, um im Beschränkten
Wilde Rachsucht zu entfachen:
Muß ich auch vom Schönen scheiden,
Kann ich's vorher häßlich machen.

MITTAGESSEN IN DER TAVERNA DEL PESCATORE

Schwere Vorhänge verdunkeln
Das Gewölb des langen Saales,
Um so strahlender erscheint uns
Trinität des Mittagsmahles:

Dio, Santo Spirito
Eins in Gesu Christo Namen –
Vino, Penne ai funghi
Und Arrosto misto. Amen.

29. September

MORGENSTIMMUNG 9 UHR 30

Dichter ist bestellt zum Rühmen.
Dichter darf von Herzen hassen.
Doch vor allem Mittelmaße
Muß des Dichters Leier passen.

Dieses Nichtlicht sonder Schatten,
Diese Nichtsicht ohne Ende
Sprechen leider für sich selber:
Reglos ruhn des Dichters Hände.

ER RUFT SICH ZUR ORDNUNG

Was verlangst du von der Sonne?
Daß sie ständig sieghaft strahle?
Dir vom Morgen bis zum Abend
Rastlos Bild für Bildchen male?

Wofür hältst du dich denn, Dichter?
Wie es heut ist, war's seit jeher:
Erst durch seine Niederlagen
Kommt ein Stern uns menschlich näher.

DICHTER UND VOGEL

Dichter sieht sich gern als Adler,
Falke, Habicht oder Geier.
Dichter ist in Wahrheit Glucke,
Legt voll Umsicht seine Eier,

Brütet, bis was schlüpft, und achtet
Aufgeregt auf seine Küchlein,
Daß ihm auch nicht eines fehle
Im Gehege alias »Büchlein«.

VERSUCHER ZUM ERSTEN

»Dichter, warum schreibst du ständig?«
»Weil ich ständig was erlebe.«
»Wer stets schreibt, kann nichts erleben.«
»Er nun wieder! Teufel, hebe

Dich hinfort, alter Versucher.
Wer so spricht, ist schon gerichtet
Und erlebt zu seiner Schande,
Daß ihn Dichtermund bedichtet.«

LOB DES LEBENS

Dichter und Propheten priesen's,
Und sie hatten ja so recht:
Wie ihr es auch nehmt, das Leben,
Immer, immer ist es gut.

So hinan denn! Hoch und höher!
Folgt nur treulich eurem Herz,
Bis am ewigschönen Ziele
Euch erwarten Lust und Freud.

DIE ERZIEHUNG DER OLIVE

Beispielhaft: Olivenbäumchen,
Schlanken Stammes, pfahlgestützt,
Rings indessen um die Krone
Durch das Rund des Reifs geschützt:

Also strebt es in die Höhe
Und verliert sich nicht im Breiten.
So will ich den Rest der Tage
Höher und nicht breiter schreiten.

ABENDRUHE

Feuchte Luft des frühen Abends.
Blaue Stunde. Es ermatten
Hund und Holde, Katz und Dichter,
Blatt und Vogel, Licht und Schatten.

Sonne sinkt, doch zieht kein Mond auf.
Wolkenbank löscht Sterngefunkel.
Was sich träg zur Ruhe legte:
Alles, alles eint das Dunkel.

30. September

SCHLAFLOS UM 2 UHR 30

Droht der Pegel meines Glückes
Ungebührlich anzuschwellen,
Sorgt für Senkung zuverlässig
Nahen Hundes stetes Bellen.

Denn mit jedem Kläffen kündet
Der Verdammte von uns beiden:
Es gibt Zwinger, es gibt Kette,
Es gibt Unglück, es gibt Leiden.

SCHLAFLOS UM 4 UHR 30

Tiefe Nacht. Als ich dabei bin,
Klamm und heimlich einzunicken,
Dringt ins Dämmer meines Halbschlafs
Stramm und deutlich Holzwurmticken.

Uhrenmäßiges Geticke –
Man verzeiht es diesen Schlingeln,
Wofern sie sich unterstehen,
Auch nach Weckerart zu klingeln.

JA UND AMEN 9 UHR 30

Tritt der Tag gewohnter Glorie
An, sich für das Licht zu schlagen,
Kann ich goldgefaßter Mensch nur
Dankbar ja und Amen sagen:

Ja zur Leinwand, ja zur Zeichnung,
Ja zur Farbe, ja zum Rahmen,
Ja zum Inhalt des Gemäldes
Und zu seiner Hängung: Amen.

TRAURIGER DICHTER

»Dichter, angesichts des Schönen
Seufzt du. Woher mag das rühren?«
»Daß ich stets nach Worten suche,
Statt den Zeichenstift zu führen.«

»Auch in Worten kann man bilden.
Auch das Wort wehrt dem Vergehen.«
»Worte halten nicht Gestalt fest.
Ein Gedicht kann man nicht sehen.«

LOB DES ERGRIFFENSEINS

Wenn dich was ergreifen will,
Lasse dich ergreifen.
Cool sein ziemt dem jungen Mann,
Ergriffensein dem reifen.

Ruft dich jemand zur Vernunft,
Ist auf ihn gepfiffen:
Du hast ja nicht hingelangt –
Es hat *dich* ergriffen.

TALWÄRTS NACH MONTEVARCHI

Siehst in tausendfachem Glitzern
Du das liebe Licht zerstäuben,
Wirst dich nicht bei soviel Klarheit
Gegen reine Einsicht sträuben:

Unansehnlich Wort, Parole,
Losung, These, Slogan, Meinung
Vor dem einleuchtenden Dasein
Lichtgemodelter Erscheinung.

BERGWÄRTS NACH GAIOLE IN CHIANTI

Steuerst deinen Wagen bergwärts,
Talher durch Septemberstrahlung,
Und willst diesen Kick noch steigern?
Wähle Mozartuntermalung!

Sehr gut kommt der »Don Giovanni«.
Wirf ihn ein, gib Gas: Avanti!
Fährt der lover in die Hölle,
Fährst du auf zum Kamm des Chianti.

VORSCHLAG ZUR GÜTE

Übers Häßliche zu reden,
Meint nicht: Von dem Schönen schweigen.
Leuchtet ein? Dann darf ich füglich
Der Medaille Kehrseit' zeigen:

Wer vom Schönen redet, schweigt nicht
Von dem Häßlichen. Drum laßt mich
Schönes finden, Schönes rühmen,
Und wem das nicht paßt, der haßt mich.

VERSUCHER ZUM ZWEITEN

Sprach da wer von »Privilegien«?
Will der Vorwurf nie verstummen?
Nein? Dann halte ich dagegen:
Jeder darf sich hier vermummen.

Aus dem Fundus der Geschichte
Kann er sich die Rolle wählen,
Die ihm zusagt, und qua Maske
Ungeschminkt draufloserzählen.

STÖRUNG

Denk, wie diese Landschaft einstmals
Vielfach von Geräuschen schallte,
Wie das Muhen, Grunzen, Wiehern
Von den Hängen widerhallte –

Nein, ich will vom Ruf des Hahns nicht,
Nicht vom Schrei des Esels schwärmen.
Doch das waren noch Geräusche.
Was da heute tönt, ist Lärmen.

VON DEN WÖLFEN

Ach, wie wehrlos ist das Schöne!
Wie der Wolf sich naht den Lämmern,
Lautlos, schleicht der Mensch zum Schönen.
Aber bald hört man ihn hämmern.

Hör ich Hämmern, trag ich Trauer.
Hämmern heißt: Da wird gehandelt.
Angesichts des Schönen meint das
Leider stets: Da wird verschandelt.

ERGEBUNG

Süßer wird der Wein und süßer,
Immer milder wird der Sinn,
Streift der Blick wie träumend über
Die zerrupfte Landschaft hin.

Ach der Häuschen, ach der Menschlein,
Eingehüllt in blauen Dunst.
Euch zu schelten ist ein Leichtes.
Euch zu rühmen eine Kunst.

BEISPIEL BELLA ZUM ERSTEN

Tosender Akazienrain,
Den ein Spatzenschwarm durchzittert,
Weckt in ihr den Hühnerhund:
Bella steht erstarrt und wittert.

Solch durchgreifendes Erinnern
Dünkt den Dichter exemplarisch:
Fühlt er sich doch selber manchmal
Vor dem Schönen leicht pindarisch.

GUTE NACHT

Alles ruht. Nun nimmt sich Morpheus
Aller an. In seinen Armen
Findet, wer geplagt, Erlösung,
Wer von Schuld bedrückt, Erbarmen.

Alles schläft. Doch Morpheus' Arme
Haben jemanden vergessen.
Einen, der noch mal zum Heft greift,
Schlafverlassen, albbesessen.

1. Oktober

MORGENSTIMMUNG 9 UHR 30

Hohe Nebel bremsen kräftig
Sonnenwagens fahle Scheibe –
Einmal wird sie noch besungen,
Und dann seh' sie, wo sie bleibe:

Bin nicht Frater San Francesco.
Dieser weihte dir sein Leben.
Für mich Kurzzeitrühmer aber
Naht die Zeit, mich fortzuheben.

BEISPIEL BELLA ZUM ZWEITEN

»Über jeden Morgenausgang
Freut die Bella sich wie Bolle.
Manchmal habe ich den Eindruck,
Daß sie mir was sagen wolle –«

»Mensch, du willst vom Hunde lernen?
Hund, lehr du den Mensch das Freuen,
Und die Freude jeden Morgen
Selbstvergessen zu erneuen.«

VORFREUDE AUF DEN MORGENGANG

Der Blick ins Blau. Den Weg bergab,
Durch Sonnenrauch zu Tal und Wiese.
Dann übern Bach, den Bach entlang,
Und schon empfängt uns bergend diese

Tiefgrüne Dunst- und Kühleschleuse,
Aus der wir neu erfrischt hervorgehn,
Den Weg bergauf, bis wir das Blau
Durch goldner Blätter lichten Flor sehn.

TOTE HOSE

Jagdsaison. Die vielen Jäger
Sind nicht nur der Tod des Hasen.
Die gesamte Tierwelt deckt hier
Buchstäblich der grüne Rasen.

Alles tot. Da dämmert manchem,
Was er für ein armes Schwein ist.
Also schafft der Mensch sich Aliens,
Damit er nicht ganz allein ist.

UGO GEHT

Schön ist gutbestellter Boden.
Bauer ist das Salz der Erde.
Aber der gesteht uns seufzend,
Daß er's Land verlassen werde.

Allzu mühsam das Gelände,
Allzu müde seine Knochen
Übers Jahr ist von dem Schönen
Wieder ein Stück weggebrochen.

ALTE KÜNSTE

Weidenbaum trieb Weidenrute,
Weidenrute band den Wein
An den Stamm des Maulbeerbaumes:
So stand eins fürs andre ein

Auf den Äckern früherer Zeiten.
Raren Orts tut's das noch immer
Und ergreift Herz, Geist und Auge:
Alter Künste letzter Schimmer.

VERSUCHER ZUM DRITTEN

»Stör mich nicht. Es läuft die Zeit ab,
Die mir bleibt, etwas zu sagen.«
»Narr, das Ungesagte wird dein
Schongesagtes ständig schlagen.

Jegliches gesagte Wort meint
Myriaden ungesagte.«
»Heb dich fort! Noch kann ich's sagen:
Du bist hier der Ungefragte.«

LOB DER WÄRME

Wärme, Freund, ist nicht gleich Wärme.
Heut hat sie was Fokussiertes.
Setze dich in diesen Fokus,
Schließ die Augen, schon passiert es,

Schon verspürst du: Diese Wärme
Ist bei Gott höchst ungewöhnlich!
Wärmt nicht einfach all- und jedes,
Sondern dich. Dich höchstpersönlich.

VERSUCHER ZUM VIERTEN

»Als dich himmelwärts entrückte
Stiller See, da riß ein Beben
Um Assisi in den Orkus
Häuser, Kunst und Menschenleben.«

»Was, zum Teufel, soll der Unsinn,
Solchen Vorwurf zu erheben?
Ob ich preise oder fluche
Beben wird es immer geben.«

GUTER VORSATZ

Liebgewordene Gewohnheit,
Witternd durch den Tag zu eilen
Und was irgend übern Weg läuft
In acht Zeilen mitzuteilen:

Grade weil sie liebgeworden,
Will ich die Gewohnheit lassen.
Rasch erwächst aus Wohltat Plage,
Und das Lieben kippt in Hassen.

RÜCKFALL UND VERSUCHER ZUM LETZTEN

»Hast du noch etwas zu sagen?«
»Allerdings. Zum Thema ›Preisen‹.
Unterstellt, die Welt sei eine
Kippfigur, würd' das beweisen,

Daß der recht hat, der sie schwarz sieht,
So wie jener, der sie weiß sieht.
Ihr gerecht wird die Verfluchung,
Ihr gerecht wird auch das Preislied.«

NACHMITTAG 16 UHR

Alles farblos. So, als suche
Jemand lautlos meine Nähe
Mit dem ganz speziellen Auftrag,
Daß er's Licht herunterdrehe.

Alles Licht. Nicht nur das draußen.
Auch die holde Flamme drinnen,
Die mich tagelang erhitzte.
Seht: Fast bin ich schon bei Sinnen.

ABENDGANG 17 UHR

Ölbäume, im Stich gelassen,
Trockenmauern, eingefallen,
Reben, haltlos ausgewuchert:
Schau dich um. Du siehst in allen

Zügen der schon leicht entgleisten,
Einst so konturierten Landschaft
Folgen mangelnder Beherrschung.
Siehst sie und verspürst Verwandtschaft.

BEISPIEL BELLA ZUM LETZTEN

Wie die Bella, zartestmäulig,
Aus zerplatztem Stachelpanzer
Die Marone an das Licht holt,
Also auch der Dichter: Ganzer

Umsicht voll, voll ganzen Mutes
Geh' er jeglichem Erleben
Auf den Grund. Im Kern ist Wahrheit.
Und den gilt's hervorzuheben.

ABENDFÜTTERUNG 18 UHR

Gibt die Holde ihrem Hunde,
Gibt sie zugleich allen Katzen,
Denn sie huldigt stets dem Grundsatz:
Volle Pfote – volle Tatzen.

Dichter sieht es mit Bedenken:
Wie mag solch Verschwenden enden?
Noch war er nicht an der Reihe.
Noch steht er mit leeren Händen.

ABENDSTIMMUNG 19 UHR

Grauer Dunst verschluckt die Gegend.
Morgen, lese ich, soll's regnen,
Doch der Regen und der Dichter
Werden sich nicht mehr begegnen.

Mit dem Licht geht die Erleuchtung.
Ohne Flamme keine Feier,
Kein Entflammter, keine Holde:
Stumm entsinkt der Hand die Leier.

20 UHR. DER KOSTÜMVERLEIH MAHNT

»Bist im Weimaraner Schlafrock
Lang genug herumstolzieret,
Würstchen, leg ihn ab, ich seh doch,
Wie's dich trotz der Maske frieret.

Spür's! Nicht wärmt mehr das Geschlotter!
Nun versprechen beßre Hitze,
Gutes Essen, holde Eintracht
Alter Wein und neue Witze.«

BIBLIOGRAPHISCHE NOTIZ

Dieses Buch ist ein Bankett von Zufall und Schicksal; es verdankt sich drei Anlässen und zwei Anfällen.

Der Zufall hat es gewollt, daß drei große deutsche Dichter als runde Geburtstagskinder den Ausgang vom Jahrhundert, ja Jahrtausend spalieren: 1997 Heinrich Heine (200. Geburtstag), 1998 Bertolt Brecht (100. Geburtstag) und 1999 Johann Wolfgang Goethe (250. Geburtstag); das Schicksal hat es so gefügt, daß alle drei in einem einzigen Jahr, 1997, meine Lebens- und Schreibbahn qua Anfall und Anfrage gekreuzt haben.

Die Anfälle betrafen Heine und Goethe. Sie ereilten mich im Juni resp. September und waren teils exogenen, teils endogenen Ursprungs.

Im Mai besagten Jahres hatte Thomas Steinfeld, Redakteur der ›Frankfurter Allgemeinen Zeitung‹, bei mir angefragt, ob ich nicht einen Beitrag zu Heines Geburtstag am 13. Dezember schreiben wolle, und ich hatte vorschnell abgewinkt: Ich sei in Heine nicht gut.

Besann mich aber tags darauf aus zwei Gründen: Erstens glaubte ich etwas Triftiges über Heines Witz und dessen Haltbarkeit in Erfahrung bringen zu können, und zweitens feierte auch ich am 13. Dezember einen runden Geburtstag. War das nicht der gegebene Anlaß, als scharfsinniger Heine-Exeget Flagge zu zeigen? Doch es sollte anders kommen.

Die aufmerksame Redaktion hatte mir als Appetizer vorab schon mal »Heines sämtliche Gedichte in zeitlicher Folge, Herausgegeben von Klaus Briegleb« ins Haus geschickt; das Buch begleitete mich nach Montaio, meinem italienischen Arbeits- und Freizeitplatz. Kaum daß ich mit der Lektüre begonnen hatte, füllten derart insistierende Heine-Stimmen meinen Kopf, daß ich ihn nicht anders zu entleeren und mich ihrer nicht anders zu entledigen vermochte als dadurch, daß ich einen Monat lang in Heine-Zungen schrieb. Danach hatte ich das Buch durch, und es war wieder Ruhe im Karton. Am 13. Dezember des Jahres aber erschien zur Freude zumindest des einen der beiden Jubilare in der Samstagbeilage des Intelligenzblattes die aus Platzgründen gekürzte etwas andere Heine-Ehrung.

Der Goethe-Anfall verlief rascher und heftiger. Er ereilte mich abermals in Montaio, verursacht durch eine lange zurückliegende Infektion und nach einer langwierigen Inkubationszeit.

1981, in meiner Gedichtsammlung »Wörtersee«, hatte ich mich erstmals im gehobenen Goethe-Ton versucht:

> Wenn sich, nachtbedingt erkaltet,
> Wiesen morgendlich erwärmen
> und der Herr die Dame faltet,
> um zur Arbeit auszuschwärmen,
>
> um sich lebend, lobend, labend
> weltverloren zu erneuen –
> Wird er liebend noch am Abend
> die Entfaltete erfreuen.

Das Gedicht findet sich in der Abteilung »Vorbild und Nachbild«; Vorbild war ohne Zweifel ein Gedicht des späten Goethe, »Dornburg, September 1828« überschrieben:

> Früh wenn Tal, Gebirg und Garten
> Nebelschleiern sich enthüllen,
> Und dem sehnlichsten Erwarten
> Blumenkelche bunt sich füllen;
>
> Wenn der Äther, Wolken tragend,
> Mit dem klaren Tage streitet,
> Und ein Ostwind, sie verjagend,
> Blaue Sonnenbahn bereitet;

Dankst du dann, am Blick dich weidend,
Reiner Brust der Großen, Holden,
Wird die Sonne, rötlich scheidend,
Rings den Horizont vergolden.

Was da alles nachgebildet wurde, liegt klar vor Augen: Strophenform, Kreuzreim, Metrum, Syntax, Wortwahl, sowie der weitgespannte Morgen-Abend-Bogen. Mit einem Unterschied: Goethe spannt ihn über drei Strophen, sein Nachbilder ist bereits nach der zweiten am Ende. Damit aber stellte er in aller Unschuld eine für ihn folgenreiche formale Weiche.

Denn als ich im August 1997 in Bremen zu tun hatte, als ich im Zug zur Sammlung »Verweile doch, 111 Goethe-Gedichte mit Interpretationen, Herausgegeben von Marcel Reich-Ranicki« griff und als ich beim Blättern auf erwähntes Gedicht, interpretiert von Reinhard Baumgart, stieß, da widerfuhr mir erneut, was der Interpret folgendermaßen beschreibt: »Dieses Gedicht aus Goethes achtzigstem Lebensjahr begann mich, kaum daß ich es wiedergelesen hatte, Tag und Nacht zu verfolgen. Mindestens die erste Zeile und die letzte, dazu eine Ahnung von dem weiten, hellen Sprachbogen, der von diesem Anfang zu jenem Ende sich spannt – diese drei Elemente tauchten immer wieder unwillkürlich, wie aus einem dämmernden Halbbewußtsein in mir auf. Diese Dreistrophenmusik erwies sich als Ohrwurm. Tönt denn irgend etwas aus ihr, was an Schlagerseligkeit erinnern könnte?«

Noch im Zug zeigte der Ohrwurm abermals Wirkung. Kaum hatte ich das Buch beiseite gelegt und der Zerstreuung halber zu Heft und Stift gegriffen, da brachte die Hand das, was der erfüllte Kopf vor Augen hatte – norddeutsche Landschaft in spätsommerlicher abendlicher Beleuchtung – folgendermaßen zu Papier:

Zeigt dem Blick sich hinter Säulen
Schwarzer Stämme spätes Leuchten,
Sonnengruß aus dunkler Wolken
Unterbrochenem Befeuchten,

Denkt das Hirn der großen Freundin,
Deren Strahlenpfeile golden
Mild erwärmen, jäh erhellen.
Doch das Herz gedenkt der Holden.

»Nachtgedanken« überschrieb ich das Poem und spielte ein wenig mit dem Gedanken, bei Gelegenheit eine so einfühlsame wie ehrfürchtige Interpretation nachzuliefern, doch es sollte anders kommen.

»Wir, kaum von sich vergoldenden, eher von sich verdunkelnden Horizonten angezogen wie die Lemminge vom Abgrund, hören solchen Gedichten staunend, ungläubig und wieder staunend zu«, endet Baumgart seine Gedanken zu Goethes drei Strophen, nachdem er versucht hat, ihre erstaunlichen Ingredienzien auf die Reihe zu bringen: »Das Banale und das Feierliche, Konkretes und Moralisches und Rätselhaftes, Magie und Vernunft« – ich las es kopfnickend, ohne zu ahnen, welch berauschende Wirkung dieser Cocktail noch auf mich ausüben sollte.

Vielleicht wäre alles anders gekommen, hätte nicht am 16. September eine spektakuläre Totale Mondfinsternis heftige Erinnerungen an ein anderes Gedicht des in Dornburg weilenden alten Goethe geweckt, »Dem aufgehenden Vollmonde« überschrieben:

Doch du fühlst, wie ich betrübt bin,
Blickt dein Rand herauf als Stern!
Zeugest mir, daß ich geliebt bin,
Sei das Liebchen noch so fern

– lautet die zweite der wiederum drei Strophen.

Das Naturschauspiel in italienischer Nacht vor Augen, den aufreizenden Goethe-Sound im Kopf, den Virus einer nicht ausgereizten, sprich: ausgeheilten Mitteilungsform im Bauch, verfaßte ich vor Ort das Gedicht »Mondfinsternis«, ohne Plan und ohne die Absicht, weitere Gedichte gleicher Machart folgen zu lassen.

Wie und wann die sich vermehrten, ist an der Fieberkurve der Datierungen und Massierungen abzulesen. Als das Fieber regelrecht zu wüten begann, so um den 24. September herum, wurde mir klar, daß ich zur Selbsttherapie schreiten mußte: Ich schrieb das Eingangsgedicht und setzte mir ein Limit – am Abend des 1. Oktober sollte alles vorbei sein. Die verbleibende Woche lehrte, daß der Doktor den Dichter damit unter Druck gesetzt und zu noch fieberhafterer Produktion angetrieben hatte. Der Ertrag des Selbstversuchs liegt vor; über Wert bzw. Unwert des Unternehmens mögen Berufenere ebenso richten, wie darüber, ob es dem Befallenen gelungen ist, nach und nach auch in andrer als des Meisters Zunge zu reden.

Jedenfalls hielt ich mich an meine Worte: Pünktlich um 20 Uhr des angekündigten Abends schrieb ich das letzte der gut neunzig Gedichte, und danach war wiederum Ruhe im Karton.

Ich habe im vorliegenden Zyklus die Produkte des Anfalls so gut wie vollständig versammelt, da der ungewöhnliche Versuch eine ungewohnte Nachsicht gegenüber dessen Ergebnissen notwendig machte. Auch habe ich darauf verzichtet, kompositorisch einzugreifen. Sämtliche Gedichte erscheinen in der Reihenfolge ihres Entstehens und sollten in toto als konzeptuelles Ensemble gewertet und als Antwort auf die Frage gelesen werden: Kann es das Singen bringen? Beziehungsweise: Wird es das Dichten richten?

Der korrekte Abbruch des Experiments fiel mir auch deswegen nicht schwer, weil mit dem 1. Oktober eine meteorologische Normalität zurückkehrte, der die vorangegangenen Septembertage aufs herrlichste Hohn gesprochen hatten. Dabei war mir eine peinliche Erfahrung nicht erspart geblieben. Je länger das gute Wetter andauerte, desto gespannter lauerte der Dichter auf die wohlfeile Schlußpointe eines rabiaten Wetterumschwungs, und in einer schwachen heißen Stunde antizipierte er schon mal prophylaktisch den Regen, im festen Glauben, der könne nicht ausbleiben. Aber nichts da. »Ungeschöntes Leben« hatte ich im Eingangsgedicht versprochen und fiel ausgerechnet mit einem Schlechtwettergedicht auf den Bauch: Die anhaltend schönen Tage entlarvten es als ein unwahres, um eines poetischen Effekts willen geschontes Poem, und wenn ich es hier einrücke, dann aus zwei Gründen: Erstens um – Hand aufs Herz – zu versichern, daß diese Beschönigung ein einmaliger Ausrutscher inmitten all der anderen, durchgehend strikter Anschauung verpflichteten Gedichte gewesen ist, und zweitens seiner beherzigenswerten Moral wegen:

Scheut der Fuß des Wandrers plötzlich
Raschen Bachs in schnellem Lauf,
Und es zieht am dunklen Himmel
Andres Wasser dräuend auf –

Nimm dein Herz in beide Hände.
Spring! Als gelte es dein Leben!
Besser bäuchlings selbst zu scheitern,
Als sich rücklings zu ergeben.

Mein Klappaltar hat zwei Flügel, die durch ein Scharnier zusammengehalten werden. An letzteres hatte ich bei der Planung des Büchleins keinen Gedanken verschwendet, da erreichte mich zum Jahresende die Nachricht, die Stadt Augsburg wolle mir 1998 den Bert-Brecht-Preis zuerkennen. Frank Wolff, dem ich vom Klappaltar-Plan erzählt hatte, brachte Brecht als Scharnier ins Spiel – 1997, *1998*, 1999 –, und mir leuchtete diese konstruktive Idee sogleich ein. Analog zu Brechts Gedicht »Auf einen chinesischen theewurzellöwen« verfaßte ich »Auf ein Scharnier«:

Dem Schlechten schließt du die Tür vor der Nase
Dem Guten öffnest du Tor und Augen
Derlei
Hörte ich gern
Von meinem Vers …
… tanden?!

Damit, glaubte ich, sei das Scharnier-Problem aus der Welt, doch auch diesmal sollte es anders kommen. Das Kulturamt der Stadt Augsburg teilte mir mit, es plane eine Anthologie zum Thema »Wie sehen Sie Bertolt Brecht heute?«, faßte mich am Preisträger-Portepee und bat um einen Beitrag. Ich blätterte in meinem Brecht und blieb derart an dessen Prosa-Torso »Me-ti / Das Buch der Wendungen« hängen, daß mich ein dritter, freilich herzlich harmloser Anfall mehr streifte denn ereilte, gerade lang genug, um zwischen die Hommagen der beiden poetischen Flügel noch ein handfest prosaisches Scharnier einpassen zu können.

ALPHABETISCHES VERZEICHNIS DER GEDICHTANFÄNGE UND -*ÜBERSCHRIFTEN*

Robert Gernhardt
Der letzte Zeichner
Aufsätze zu Kunst und Karikatur

»Robert Gernhardt hat den Deutschen ihr Mißtrauen gegenüber jeder Mehrfachbegabung aberzogen. Man hat sich daran gewöhnt, daß ein bedeutender Cartoonist auch ein bedeutender Lyriker sein kann. Man hat gelernt, daß ein komisches Gedicht zugleich ein vollendetes Gedicht sein kann.
Die Latte wird nun noch ein wenig höher gelegt. Gernhardt läßt eine Facette seiner Person aufleuchten, die er nie verborgen hat und die dem größeren Publikum dennoch bisher verborgen geblieben ist: seine leidenschaftliche, gelehrte und praktische Beschäftigung mit der Malerei. In seinem neuen Buch zeigt sich Gernhardt als lustvoller und intensiver Kenner und Betrachter, als Maler in der großen europäischen Tradition des Stillebens, der Landschaft und der Interieurs, als Kritiker und Polemiker.«

Frankfurter Allgemeine Zeitung

IM HAFFMANS VERLAG